Sal y Pimienta en El Lago Ness

Salt and Pepper in Loch Ness

Sal y Pimienta en el Lago Ness/Salt and Pepper in Loch Ness
First Edition
© Helena Goñi, 2014
© Sobre esta edición: La Pereza Ediciones, Corp
Editor: Greity González Rivera
Ilustración de portada e interiores: Ian Leitch

Manufactured in United States of America

ISBN-13: 978-0615979717 (La Pereza Ediciones)
ISBN-10: 0615979718

La Pereza Ediciones, Corp
11669 sw 153 PL
Miami, Fl, 33196
United States of America
www.laperezaediciones.com

SAL Y PIMIENTA EN EL LAGO NESS

SALT AND PEPPER IN LOCH NESS

Helena Goñi

La Pereza Ediciones

Estimados padres y profesores:

Os presento aquí dos personajes que os van a ayudar a enseñar a vuestros hijos o alumnos a aprender otra lengua.
Este pequeño libro está lleno de trucos para aprender.
Encontrarán muchas aventuras en sitios excitantes.
El primer libro está situado en el lago Ness, en las tierras altas de Escocia.
La idea de estos libros es viajar alrededor del mundo con Sal y Pimienta, no sólo practicando una nueva lengua, sino también conociendo nuevas culturas y costumbres.
Usted puede ayudar al niño con un mapa y mostrarle los lugares que aparecen en los libros.
Espero que disfruten con estas series y particularmente con este primer libro de Sal y Pimienta.
Muchas gracias y recuerden que poner un poquito de sal y pimienta en la vida da alegría.

Dear parents and teachers:

I present here two characters that are going to help you to teach your child or pupil another language.
This little book is full of tips to learn.
You will find plenty of adventures in interesting and exciting locations. This first book is set in Loch Ness in the Highlands of Scotland.
The idea of these books is to travel around the world with Salt and Pepper, not only practicing a new language, but also getting to know new cultures and customs. You can help your child with a map to show where the places are.
Hope you enjoy with this series and particularly with this first book of Salt and Pepper.
Thank you very much!

¡Hola niños!

Bienvenidos al mundo de las aventuras.
Vais a uniros a nosotros alrededor del mundo conociendo a nuestros amiguitos y visitando sitios fantásticos. ¡Los sueños se harán realidad con Nosotros!
Muchos pimientabesos,

PIMIENTA

Hello Children!

Welcome to a world of exciting adventures!
You are going to join us on a trip around the world and you will get to know all the interesting characters we meet along the way and see some amazing places.
Dreams come true with us!

PEPPER

Es primavera pero por una vez en las tierras altas escocesas no está lloviendo. Sal y Pimienta quieren conocer el famoso lago Ness del norte de Escocia.

Dicen que hay un monstruo allí...

It is spring and for once it is not raining! Salt and Pepper want to go and see the famous loch Ness in the North of Scotland.

They say that there is a monster there…

Alquilaron una barca para ir al castillo de Urquhart desde donde tenían una maravillosa vista del lago.

– ¡Oye, Sal!, como hace muy buen tiempo prefiero quedarme en la barca a tomar el sol.

– Bueno, yo iré a ver el castillo. Me interesa mucho la historia. ¡Cuidado con el monstruo, jeje! –dijo Sal en broma.

They rented a boat to go to Urquhart castle where they had a wonderful view of the Loch.

– Listen Salt! The weather is wonderful today, so I prefer to stay in the boat and sunbathe –said Pepper.

– Well, I will go to the castle. I am really interested in history. Take care if the monster appears, haha! –said Salt laughing.

Pimienta estaba tomando el sol en la barca cuando notó un brusco movimiento, miró y se encontró con unos ojos grandes que le miraban fijamente.

– ¡No te asustes! –dijo el monstruo.

– ¿Er... ere... eres el mons... mostr... monstruo? –dijo Pimienta con mucho miedo.

– ¿Qué es un monstruo? Soy Nessito, el menor de cinco hermanos. Vivimos todos aquí menos mi hermano mayor que se ha mudado al río Támesis en Londres. A él le gustan las grandes ciudades... Aunque ahora está aquí de vacaciones.

Pepper was sun bathing in the boat when he noticed a rough movement. He looked around and found two eyes staring at him.

– Don´t be afraid –said the monster.

– Ar.... ar.... are you the mons... monster? Said Pepper, very frightened.

– What is a monster? I am Nessito, the youngest of five brothers. We all live here except my eldest brother who moved to the River Thames, he prefers the big cities... although he is now here on holidays.

Después de hablar, reír y cantar canciones escocesas, decidieron ir a buscar a Sal a la orilla del castillo.

After speaking, laughing and singing Scottish songs, they decided to go and look for Salt on the shore near the castle.

En ese momento, la gente que estaba visitando el castillo los vio y echó a correr, gritando:
"¡Socorro, un triángulo, un triángulo!"
Sólo Salt soltó los regalos que había comprado al grito de: ¡El monstruo! ¡El mostruo! ¡Cuidado Pepper!

At that moment, the people who were visiting the castle saw them and started running away shouting:
"Help! A triangle! A triangle!"
Only Salt, dropping the presents that he had bought, shouted: "The monster! Look out Pepper!"

Pimienta explica a Sal que Nessito es su amigo.
Los tres montan en la barca. Nessito les cuenta que está aburrido en el lago y quiere viajar y visitar nuevos sitios.

Pepper explains to Salt that Nessito is his friend. The three get in the boat. Nessito tells them that he is bored in the Loch and wants to travel and visit new places.

Pimienta invita a Nessito al país de los triángulos. Escapan de noche. Así los padres de Nessito no notarán la ausencia hasta la mañana siguiente. Los tres llegan a ese país y están encantados.

Pepper invites Nessito to Triangle Land. They escape by night, so that the parents of Nessito will not notice his absence until the next morning. The three are all very happy.

Ellos van en el país de los triángulos a casa de Pimienta. En el país de los triángulos todo tiene forma de triángulo, ¡por supuesto!

They go to Triangle Land to pimienta´s house.
In Triangle Land everything has the shape of a triangle, of course!

Mientras tanto en el periódico local aparece la siguiente noticia: "Avistado triángulo peligroso en la orilla del castillo de Urquhart".

Meanwhile there appeared the following news in the local paper: "Spotted - Dangerous Triangle On The Shore Near Urquhart Castle."

El padre de Nessito está muy preocupado porque ha visto en el periódico a su hijo con el triángulo. ¡Nessito no ha aparecido a la hora de desayunar y su cama está intacta!

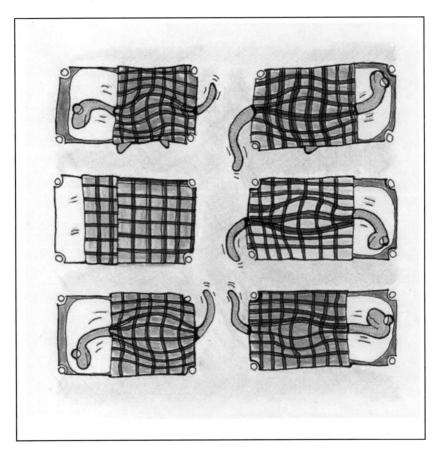

Nessito´s father is very worried because he has seen in the newspaper his son with the triangle. Nessito hasn´t turned up for breakfast and his bed has not been slept in!

Los padres de Nessito aparecen en la televisión, ofreciendo un rescate por su hijo.

Nessito´s parents appear on a TV program, where they offer a reward for finding their son.

En el mundo de los triángulos, donde por supuesto las teles son triángulos, los tres amigos ven a los padres de Nessito en la pantalla.

In Triangle Land where the televisions are of course also triangles, the three friends see Nessito´s parents on the screen.

Nessito decide volver a casa y decir a todos que Pimienta no es peligroso. Da las gracias a sus nuevos amigos. Pimienta enseña a Nessito a hacer ala delta y así retornan al lago.

Nessito decided to return home and let everybody know that Pepper was not dangerous. He thanks his new friends. Pepper teaches Nessito hang-gliding and they return to the loch.

Al final, Nessito, sus padres, sus hermanos, Pimienta y Sal asisten a una maravillosa fiesta en las ruinas del castillo de Urquhart, y todos están muy felices bailando, hablando y bebiendo Lochy Orange Drinks, que la madre de Nessito ha preparado.

Finally, Nessito, his parents, his brothers and sisters, Pepper and Salt go to a wonderful party in the ruins of Urquhart castle. Everybody is happy, dancing, speaking and drinking Lochy Orange Drinks that Nessito´s mother has prepared.

VOCABULARIO/ NEW WORDS

APRENDE QUINCE PALABRAS NUEVAS EN CADA HISTORIETA DE SAL Y PIMIENTA/ LEARN FIFTEEN NEW WORDS IN EACH STORY OF SALT AND PEPPER

1. LAGO……………….....LOCH
2. MONSTRUO…………..MONSTER
3. BARCA………………..…...BOAT
4. HERMANO……….……BROTHER
5. TELEVISIÓN………......TELEVISION
6. CIUDADES…………......CITIES
7. CASTILLO……………CASTLE
8. TRIÁNGULO………...…TRIANGLE
9. PELIGROSO…………DANGEROUS
10. AMIGOS……………..FRIENDS
11. NOCHE…………….......NIGHT
12. PERIÓDICO……....…NEWSPAPER
13. ORILLA………....……SHORE
14. RESCATE……....…….RANSOM
15. FIESTA…………….....PARTY

PREGUNTAS / QUESTIONS:

1. ¿DE QUÉ COLOR ES PIMIENTA?
WHAT COLOR IS PEPPER?

2. ¿ DÓNDE ESTÁ EL LAGO NESS?
¿ WHERE IS LOCH NESS?

3. ¿CÓMO ES EL TIEMPO EN ESCOCIA?
WHAT IS THE WEATHER LIKE IN SCOTLAND?

4. ¿ DÓNDE VAN LOS TRES AMIGOS?
WHERE DO THE THREE FRIENDS GO?

5. ¿ PORQUÉ LLORA LA MAMÁ DE NESSITO?
WHY IS NESSITO´S MUM CRYING ?

6. ¿ CÓMO REGRESAN AL LAGO?
HOW DO THEY RETURN TO THE LOCH?

7. ¿ QUÉ BEBEN EN LA FIESTA?
WHAT DO THEY DRINK AT THE PARTY?

NOMBRA TRES COSAS QUE PUEDES VER EN LOS
DIBUJOS EN INGLÉS Y ESPAÑOL / NAME THREE
THINGS YOU CAN SEE IN THE PICTURES IN ENGLISH
AND SPANISH

Y RECUERDA: ¡LAS AVENTURAS SIGUEN!
LIBRO 2: SAL Y PIMIENTA EN ESPAÑA.

AND REMEMBER: THE ADVENTURES CONTINUE!!!
BOOK 2: SALT AND PEPPER IN SPAIN

**Otros títulos infantiles
de
*La Pereza Ediciones***

Cuando quieres mirar a las nubes

Aquí se reúne una selección de los cuentos participantes en el Premio de Cuentos para Niñ@s La Pereza 2013, incluidos sus tres ganadores.

Autores de toda Iberoamérica apostaron por este empeño, esta ilusión, que ahora se vuelve tinta sobre el papel. Si algo tienen en común las historias que aquí se narran es el don de la imaginación más libertaria y el afán de iluminar ese espacio sagrado que es la infancia.

La flor mágica
Emanuel Franco

Antonio y su padre hacen un viaje de rutina con una sola excepción: el niño encuentra un fascinante libro mientras su progenitor visita al doctor. El día que Antonio recibe el cuento de la flor mágica también se entera que su padre está enfermo del corazón. Un tulipán blanco, hechizado por un príncipe, capaz de curar cual-quier enfermedad, ha desaparecido de aquella historia y ahora puede estar en cualquier lugar.

Esta novela teje dos historias donde la realidad y la fantasía se confunden en la imaginación de Antonio, cuya inocencia lo lleva a una peculiar aventura donde la muerte adquiere un nuevo significado. En esta obra para niños más de un adulto encontrará el eco de su propia infancia.

Pitusa y Esusebio
María Milnne

Pitusa, hija de la imaginación –y de nadie más–, ha nacido con una enfermedad muy rara y tremenda: el Sol, fuente de toda vida, es para ella mortal. Ha de vivir confinada en la noche, en la oscuridad, al cobijo de la luna y las estrellas, y jamás de los jamases podrá disfrutar las maravillas que con su luz ilumina el astro rey. Pero Pitusa conoce a Eusebio "pastillita de chocolate", que emprenderá la gran aventura de liberar a su amiga de la maldición. Esta es una historia de Amor, en la que resuenan siempre al fondo las canciones de Teresita Fernández, y también por ello es un canto a la Bondad, la Inteligencia y la Imaginación, virtudes que nunca faltan en el corazón de un niño bueno, nunca más hermoso que cuando hace el bien.

5863396R00023

Printed in Great Britain
by Amazon.co.uk, Ltd.,
Marston Gate.